LA

RAISON MONARCHIQUE

DEVANT LA FRANCE

LA RAISON MONARCHIQUE DEVANT LA FRANCE

PAR

LE Cte ALEXANDRE D'ADHÉMAR

Rex et legitima Lex

PARIS
Eugène LACROIX, Imprimeur-Éditeur
54, RUE DES SAINTS-PÈRES, 54
Imprimerie à Saint-Nicolas-de-Port (Meurthe)

1871

LA

RAISON MONARCHIQUE

DEVANT LA FRANCE

---

§ 1.

Depuis longtemps, si longtemps que nous touchons au terme de notre existence, nous nous sommes abstenu de toute immixtion dans les choses de la patrie. Notre nom est inconnu et ne fait partie d'aucune coterie, ni d'aucun régime. Nous sommes resté en dehors de tout mouvement, contemplant d'un œil triste les égarements de la France. Pauvre, impuissant et isolé, nous avons suivi de notre pensée inquiète les transformations morales, politiques et économiques de la nation.

Si nous prenons la plume aujourd'hui, c'est qu'il est des moments solennels où le silence n'est plus permis. La voix qui monte de la solitude dans la mêlée des opinions, peut apporter au pays quelque vérité utile, imprévue ou oubliée. La situation a besoin d'être éclairée, les esprits d'être prémunis contre de fausses doctrines et la France arrachée aux dangers d'une décadence évidente.

§ 2.

Dans le cours de notre carrière, nous avons vu la chute du premier Empire, la Restauration, l'usurpation de juillet 1830, la République de 1848, la présidence de Louis-Napoléon, l'Empire de 1852, et aujourd'hui nous voyons la République de la défense. Que verrons-nous encore avant de mourir, au milieu de ce tohu–bohu des opinions qui nous divisent et de l'abaissement des mœurs publiques [1] ?

§ 3.

La Restauration avait pour nous le bien inappréciable de représenter surtout, dans sa pureté essentielle, le droit d'hérédité à la couronne.

Ce droit est national, parce que c'est avec lui que la France s'est constituée.

L'oubli seul de ce principe constitutif a suffi pour entretenir en France une perturbation permanente. C'est à dater de ce moment que commence l'histoire de notre instabilité politique.

Passons un voile sur ces époques de folie et de vertige, que des historiens récents ont osé dépeindre avec des couleurs brillantes, prêtant aux démolisseurs des vues sublimes que démentent les faits. Les malheureux savaient détruire ; voilà tout ! Ils n'ont rien édifié, et pour tout souvenir de leur passage au pouvoir, ils n'ont laissé que des ruines.

Le premier Empire rétablit l'ordre matériel. La nation avait horreur du régime révolutionnaire qu'elle venait de traverser. Elle se donna au premier soldat énergique qui mit la main sur elle. Mais, hélas ! le premier Empire, malgré l'éclat de sa gloire, laissa cependant la France amoindrie et meurtrie.

La France respira sous la Restauration. Le principe de l'hérédité de la couronne avait été rétabli dans son ordre légitime. La Restauration, par une administration sage des deniers publics, sut réparer les désastres que lui léguait le gouvernement précé-

[1] Nous avons vu, depuis, la Commune, et nous voyons la République de transition, qui nous administre aujourd'hui. Décidément, le peuple français est d'une plasticité exemplaire.

dent et relever les finances de l'État. Elle s'appliqua à régénérer le pays en donnant à la jeunesse une éducation solide et distinguée. Elle remit l'armée sur un pied respectable et, à l'exemple de Louis XIV, rétablit une marine puissante qui fit respecter nos ports et nos colonies. A l'intérieur, elle protégea avec la prudence que la matière comporte, le commerce source de prospérité du royaume. Au dehors, elle avait des alliances sûres. Ses armes furent victorieuses partout où elle fut obligée de montrer son drapeau. En s'emparant de l'Algérie, elle délivra à jamais la Méditerranée de la piraterie barbaresque et dota la France d'une conquête nouvelle.

L'ambition de la maison d'*Orléans* et une intrigue de journalistes et de bourgeois mirent fin à cette situation régénératrice et produisirent les événements de juillet 1830.

Les vainqueurs rêvèrent tout aussitôt de détourner, à leur profit, les nécessités nationales de la loi salique, comme s'il était possible, en coupant le tronc de l'arbre, d'y greffer un rameau équivoque !

Les hommes de cette époque ne manquèrent, certes pas, de savoir ni d'intelligence. Ils étaient les premiers de cette faction qu'on a appelée la Doctrine.

Oui, c'est avec un chagrin profond que nous avons vu grandir l'influence du Doctrinarisme en France. Il y avait là de la science, des lettres, des manières même ; mais aussi des sophismes.

Plus idéologues que politiques, plus creux de paroles que profonds de pensées, les doctrinaires de Louis-Philippe, parce qu'ils avaient écrit quelques pages remarquables d'histoire et de philosophie, se donnèrent avec une superbe sans égale, des brevets d'administrateurs et d'hommes d'État. Les événements n'ont pas sanctionné cette haute opinion qu'ils avaient de leur mérite.

C'est de leur époque que date la réédition active

de tous les principes subversifs de la société, Saints-Simoniens, communistes, socialistes, républicains, impérialistes, francs-maçons et autres, ne sont que la logique de leur entreprise sacrilége. La négation du principe légitime de l'hérédité de la couronne a multiplié les races royales et les partis pour nous conduire au second Empire.

Le second Empire, comme le premier, s'écroule au milieu des désastres. Nous avons recommencé, dans une limite plus rétrécie, la course fatale de la première Révolution.

Quand donc nous arrêterons-nous sur la pente de la décadence et de la ruine ?

§ 4.

Tout à coup la trompette sonne dans la Lorraine et dans l'Alsace ; les bords du Rhin retentissent du bruit des armes ; c'est la France impérialiste qui, prise de vertige, s'en va avec des forces insuffisantes demander raison à la Prusse guerrière de ses envahissements politiques.

Nos deux premières armées sont refoulées sur notre propre sol. A la suite de ce double échec, au lieu d'opérer une retraite en masse pour se concentrer derrière une ligne défendable, nos généraux livrent des combats partiels. Le maréchal Bazaine se laisse bloquer sous les murs de Metz, et les efforts que l'on fait pour le dégager, amènent le désastre de Sedan et l'envahissement de la France.

Dieu n'est plus pour nous. La panique s'emparant alors des populations, les Prussiens arrivent sans coup férir sous les murs de Paris.

La République, dont le nom est toujours mêlé à nos jours néfastes, vient déconcerter la nation en s'emparant du pouvoir.

Incapable de reconstituer une armée solide, elle

s'occupe d'initier une réaction plutôt qu'une défense. Les généraux lui sont suspects (avec la République il y a toujours des suspects). Elle les soumet en pleine guerre, quand elle ne les brise pas, à l'autorité de commissaires civils, ramassés çà et là à la hâte au sein des factions. Elle pousse la France comme un arrêt du destin, à une catastrophe désormais inévitable.

§ 5.

Qui peut sauver la France ?

Est-ce M. Thiers, errant de cour en cour, pour solliciter de l'étranger une intervention qu'on lui refuse et, mieux encore, une couronne pour un prince de la maison d'Orléans ?

Les princes de la maison d'Orléans cherchent des couronnes partout : en Espagne, au Brésil, en France et ailleurs encore.

Recommencer sous les auspices de l'usurpation les mêmes phases révolutionnaires qu'en 1830, ce serait une folie insigne, que Dieu épargnera au pays, nous l'espérons, à moins qu'il n'ait pas fini de nous châtier.

L'orgueil est si enraciné dans l'âme de nos modernes faiseurs, qu'ils sacrifieraient la terre et le ciel à leurs passions. Ils verraient sans sourciller périr l'univers plutôt que de rentrer honnêtement dans les conditions modestes de l'existence commune, plutôt que de reconnaître les principes politiques de la tradition française.

Les avocats envahissent tout, et, au lieu de suivre leur mission sainte, qui est la défense de la veuve et de l'orphelin, ils tiennent l'épée du soldat, la balance de la justice, la plume de la diplomatie et portent leurs prétentions jusqu'à conseiller notre Saint-Père le Pape en matières spirituelles.

Allez toujours, enfants et rhéteurs du Bas-Empire, allez dans cette voie de sophismes et d'aspirations ambitieuses, et vous verrez où vous conduirez la France.

Quoi ! n'est-elle pas déjà assez bas pour que la lumière soit faite ?

Mais l'orgueil se met un bandeau sur les yeux, il persiste à se croire capitaine, magistrat, législateur, souverain, et nous prépare notre ruine avec des phrases creuses et des paradoxes insensés.

§ 6.

Comme on a dû sourire dans les chancelleries de l'Europe, de la circulaire de M. Jules Favre aux agents diplomatiques de la France, et combien ces agents eux-mêmes en ont dû être surpris !... « Les événements qui « viennent de s'accomplir à Paris s'expliquent si bien « par la logique inexprimable des faits, qu'il est inu- « tile d'insister longuement sur leur sens et leur por- « tée.

« En cédant à un élan irrésistible...... » les mécontents, M. Favre en tête, se sont emparés du pouvoir ; ils ont, par ce seul fait, brisé l'unité de la défense.

Mais qui ne voit qu'avec un semblable argument de l'élan irrésistible, on justifie tous les attentats ? Hélas !

Le reste de la circulaire est de la même force. Elle finit par tomber dans le sentimentalisme républicain. Que Dieu nous préserve des attendrissements de la République.

Mais le factum de M. Jules Favre ne vaut certes pas la phrase sacrilége de M. Crémieux, avocat octogénaire, juif philosophe et ministre de la guerre. L'ingénieux vieillard, saisi par la peur devant les nécessités impérieuses de la situation, se voit obligé, en dépit de ses convictions intimes et malgré les efforts des siens, d'accepter le dévouement patriotique de la Bretagne et de la Vendée royalistes. Le souffle révolutionnaire n'a pas encore corrompu jusqu'à la moelle des os ces provinces héroïques, ni anéanti leur foi antique.

« Laissez à Cathelineau, Stofflet et Quériaux, la « mission qu'ils se sont donnée........ Ne nous fâchons « pas de ce que des Français catholiques invoquent la « Sainte Vierge pendant que des Français libéraux in- « voquent la sainte liberté. »

Vraiment, Monsieur le Ministre de la guerre, vous êtes trop généreux quand la patrie n'a pas assez de tous ses enfants pour la sauver.

Nous préférerions voir chez vous et les vôtres, moins de paroles et plus de faits, plus de capacité et moins de présomption.

« Le moindre grain de mil ferait mieux notre affaire. »

Le moindre caporal ferait mieux que vous.

C'est avec des mots sonores que les novateurs ont égaré la nation.

Y a-t-il rien de plus séduisant, par exemple, que l'axiome révolutionnaire des *bayonnettes intelligentes*?

Eh! bien, c'est grâce à ces rêveries qu'on perd les batailles et qu'on mène les empires à leur ruine.

L'élection des chefs par le soldat est la conséquence de ce mauvais principe, d'où découle encore le droit de les démolir à chaque instant et même de les fusiller.

L'intelligence de la bayonnette, pour nous, c'est la discipline, c'est le devoir poussé jusqu'au sacrifice; hors de là, pas de salut!

§ 7.

Rien dans les principes de la Révolution ne peut sauver la France ni assurer la perpétuité de son repos et de sa prospérité.

Non, elle ne trouvera pas le salut dans un d'Orléans, ni dans la race des Napoléonides, ni dans les républiques.

Examinons ces trois hypothèses.

Un d'Orléans nous ferait remonter aux errements de juillet 1830 et nous ramènerait fatalement les mêmes phases pénibles que nous avons traversées depuis cette époque.

Les princes de la branche d'Orléans sont des hommes distingués sans doute et dignes de considération ; mais une ambition de mauvais aloi, frisant la félonie, les a jetés par tradition de famille, dans une voie louche et douteuse. Ils représentent un principe purement révolutionnaire.

On a bien essayé de bâtir sur leur usurpation un système politique naïvement bourgeois. Ce système n'a produit que des déceptions pour la France. Il a commencé l'abâtardissement moral des populations, en habituant les esprits au mépris des principes constitutifs de la société française.

Il n'est pas de paradoxes que la Doctrine n'ait entassés, pour justifier l'exaltation de Louis-Philippe à la couronne.

La Doctrine, avec une science quelque peu comique, tombait dans l'équilibre instable des quasi-termes ; aussi la logique des partis eut-elle bientôt battu en brèche le système et fait pressentir le renversement de la société avec le renversement des idées.

Après une courte passe républicaine en 1848, à travers les tentatives les plus folles du monde, la France épouvantée proclama le second Empire.

Napoléon III, tout en se hissant par le chiffre accolé à son nom sur les étais de la loi salique, a inventé, lui aussi, un principe politique à son usage, extrême dans les termes, radical en pratique : le suffrage universel.

Mais les principes constitutifs d'un peuple ne supportent pas d'altération, quand bien même cette altération ne serait qu'un moyen habile pour faire triompher une cause purement personnelle.

Les principes constitutifs d'un peuple sont ce qu'ils sont à la création d'une nationalité.

Citoyen des États-Unis d'Amérique, nous défendrions la constitution républicaine, qui a fondé la Confédération, et nous blâmerions les entreprises qui, pour la plus grande glorification d'un pouvoir monarchique, se donneraient mission d'y renverser l'ordre traditionnel des choses.

Français, nous sommes légitimiste et nous combattons les novateurs, avec d'autant plus de conviction, que nous croyons, malgré notre respect pour les principes nationaux de chaque peuple, que le principe monarchique ou patriarcal est encore le meilleur, en thèse générale. En effet, les républiques, à moins que leur petitesse ne les sauve de cette transformation fatale, ont toujours fini, si l'on en croit l'histoire, dans le pouvoir dictatorial ou elles ont disparu dans le flot de l'invasion étrangère.

Assurément il est des propositions, mises en avant par les révolutionnaires de chaque pays, qui sont pleines de séduction et de logique.

Celui qui soutiendrait en Amérique les principes monarchiques, ferait œuvre de raison aussi ; et cependant il porterait atteinte aux lois de l'Union et mettrait le désordre dans l'ordre social.

C'est que la convention ne crée pas les peuples. Toute création initiatrice sort de la nature des choses ou mieux encore de la main de Dieu.

Si l'homme comme l'avait rêvé l'école fourriériste, jouissait d'un troisième œil, lui servant de vigie derrière les épaules, ne serait-il pas plus parfait que le Créateur ne l'a décidé ? Mais il est aussi absurde de vouloir réformer la nature de l'homme que les principes constitutifs d'une nation. Il faut les respecter au contraire et s'y soumettre comme à l'œuvre de Dieu, en se contentant d'en développer lentement les œuvres vives, dans l'intérêt général.

Sortez de là, vous tombez dans l'égarement. Vous produisez le désordre et le tiraillement dans la société. Les révolutions naissent sous vos pas, vous tombez dans la multiplicité des prétendants et le règne des rhéteurs. Vous accumulez sur la patrie des calamités sans nombre comme sans issue.

D'Orléans ou Bonaparte, nouveauté usurpatrice, troisième œil imaginé par les hallucinations de la raison politique, souveraineté trompeuse parce qu'elle n'est que le premier anneau de la révolution, le sommet où celle-ci prend sa source pour nous mener à notre ruine.

Non, un Bonaparte ni un d'Orléans, seraient-ils splendides comme le soleil, ne peuvent sauver la France.

Sera-ce donc de la République que nous devons attendre notre salut ?

Nous allons le voir.

Dans le courant de notre discours, nous avons à peine discuté la race des Napoléonides. Hélas ! en présence des désastres dont la France est accablée, il nous suffirait, pour avoir raison contre elle, de raconter cette suite de fautes politiques qu'elle a commises et qui amassaient les tempêtes sur nos frontières, tout en nous privant d'amitiés solides chez les peuples étrangers. Il nous suffirait encore, pour achever le tableau, d'évoquer, comme une ombre accusatrice, le souvenir de la catastrophe de Sedan.

Mais il n'est pas dans nos habitudes de procéder par voie de récrimination. Appuyé sur les principes nationaux et la raison sociale, nous sommes autrement fort, nous croyons, que de nous en prendre aux erreurs personnelles d'un homme, hier encore souverain applaudi, aujourd'hui captif et déchu.

Nous laissons ce généreux retour aux phalanges turbulentes de la République, notre souveraine au moment où nous écrivons et qui a pris charge de sauver la patrie en danger et de régénérer la nation.

C'est possible. Mais s'il y a quelqu'un d'incrédule en présence de cette sublime prétention, c'est bien nous !...

Pour justifier notre incrédulité, nous n'avons qu'à suivre le déroulement des événements qui s'accomplissent sous nos yeux.

La République est omnipotente ; elle tient tout dans ses mains, le trésor, l'armée, la dictature.

Que fait-elle ?

Beaucoup de bruit et peu ou pas de besogne ; des phrases, des décrets, des proconsuls et un commencement de terreur, que comprime la présence des bayonnettes prussiennes.

Ses bulletins sont des déceptions, ses proclamations du pathos révolutionnaire ; ses airs de matamore ne dépassent pas la rue et la hauteur des barricades ; et si la France n'avait eu à son service quelques enfants valeureux, que la gangrène philosophique n'a pas encore gagnés, comme le breton royaliste, invoquant la Sainte Vierge, l'honneur national même eût sombré dans la débâcle qui nous envahit chaque jour davantage.

Nos généraux, livrés à des soupçons de parti, ayant la pensée obscurcie, pour ainsi dire, par le souffle républicain et mollement soutenus, manquent de suite dans leurs plans de campagne. Ils se battent sans unité de mouvements. Leur résistance éparpillée sur une ligne militaire trop étendue et par conséquent trop faible, les expose à des défaites successives de détail.

Oui, la République paralyse la défense, par l'incapacité flagrante et la présomption de ses adeptes ; elle la paralyse en jetant la frayeur dans les âmes et la préoccupation dans les esprits. Elle conduit la France à sa ruine, comme si elle pratiquait cet axiome insensé de Seyès : « Périssent les colonies plutôt qu'un principe. » Périsse la patrie plutôt que la République.

§ 8.

SIRE,

Henri IV, un des aïeux de votre Majesté, a eu sa couronne à conquérir. C'est le pourpoint troué au coude qu'il a livré bataille aux malcontents de l'époque. Sa gêne qui était voisine de la pauvreté, ne l'a pas cependant empêché d'arriver au trône. Mais il avait le droit pour lui et peut-être mieux que le droit, la volonté de le soutenir. Il n'a rien épargné pour rétablir ses affaires, ni veilles, ni soins, ni diplomatie, ni combats; il a toujours payé vaillamment de sa personne.

Un souverain ne s'appartient pas; il a des devoirs suprêmes à remplir envers la nation et rien ne doit lui coûter pour restaurer le principe qu'il représente et qui est, bon gré malgré, une des pierres fondamentales de l'État.

Les faiblesses des souverains ont causé plus de mal à la France que les abus de pouvoir.

Il est en politique comme en économie, des choses que l'on voit et d'autres qu'on ne voit pas.

Ce que l'on a vu en 1830, c'est l'exaltation d'un régime nouveau à surface benoîte et trompeuse, promettant beaucoup de liberté et tombant dans l'optimisme bourgeois. Mais, ce qu'on ne voyait pas, c'est la succession des révolutions qu'il devait amener et les désastres qui étaient la conséquence logique de la situation.

Un peu d'énergie royale dans la répression des trois journées de juillet et la suppression de quelques ambitieux équivoques, eût préservé le pays de tous les malheurs qu'il a endurés depuis et qu'il endure encore.

Il vous appartient, Sire, comme à Henry IV, de rétablir la légitimité et l'ordre dans le royaume. Seul, vous le pouvez, parce que vous portez sur le front le sceau indélébile du droit national ; seul aussi vous pouvez poser un terme à nos calamités et nous ouvrir les portes closes de la régénération française.

Ce n'est pas sans peine, assurément, que Votre Majesté arrivera au but, ni sans exposer votre personne royale.

Mais la bravoure est l'apanage de votre race. Quand le devoir l'exige, la menace d'un danger n'est-elle pas une mince considération dans la question ? Les principes ne périssent pas avec l'homme qui les représente. Il y a toujours un ayant-droit pour les recueillir.

Votre Majesté n'a-t-elle pas des successeurs, dans cette branche d'Orléans même, qui malgré ses écarts révolutionnaires, n'en est pas moins, à défaut d'enfant mâle de votre part, votre héritière légitime ?

Les princes de la maison d'Orléans vous doivent obéissance comme au Roi d'abord, comme au chef de famille ensuite. Ils ont d'un côté trop de fautes à expier et le cœur trop haut placé de l'autre, nous supposons, pour ne pas comprendre que l'heure des réconciliations est arrivée et qu'il serait au moins de mauvais goût de leur part, de ne pas se rallier à votre cause.

C'est l'intérêt de la France qui le demande, c'est leur propre avenir qui est en jeu. En persévérant dans leur hérésie monarchique, ils ne parviendraient jamais à dominer longtemps la situation ; une seconde édition de l'usurpation de juillet amènerait une seconde édition des malheurs qui en ont été la suite.

Tiraillés par les intrigues constitutionnelles à courte vue de leurs adhérents les plus illustres, les princes d'Orléans succomberaient de nouveau en nous léguant encore des désastres.

Que Dieu éloigne de nous le fléau des rois élus et le sort de la Pologne !

Si les paroles austères que nous venons de prononcer, Sire, ne sont pas comprises par les divers intéressés, la France et les princes d'Orléans, c'est que l'intrigue doctrinaire veille aux portes et s'efforce de défendre un lambeau d'influence dans l'opinion du peuple.

Les idées de la foule ont été tellement obscurcies par l'avalanche de sophismes politiques qui caractérisent notre époque, qu'il est triste d'en suivre les ravages.

A entendre les factions, la liberté est leur apanage exclusif, comme si la liberté ne découlait pas de l'ordre dans le droit. Elles ne la comprennent qu'au profit de leurs passions. Elles l'ont souvent à la bouche, mais ne la pratiquent jamais. Bien plus, elles ne peuvent pas la pratiquer, à l'égard des autres au moins, parce qu'elles sont pleines de terreurs et que la logique de leurs misères les poussent à la violence.

Mais Dieu, Sire, est sans souci du travail convulsif de l'esprit révolutionnaire ; il combat pour vous, et les efforts tentés encore en France contre la légitimité des principes nationaux s'évanouissent sous le souffle divin, comme l'ombre au lever du soleil.

Montrez-vous donc, Sire, le temps est venu. Laissez à votre prudent entourage les craintes vaines et chimériques. A votre aspect tous diront, même les aveugles : c'est lui, c'est bien le roi, le roi de France, à qui seul appartient le droit et par conséquent le pouvoir de sauver le pays.

Nous sommes, Sire, de Votre Majesté, le très-humble et obéissant sujet.

Cte A. D'ADHÉMAR.

§ 8.

Nous venions à peine de terminer les pages précédentes, que la télégraphie, traversant les flots, nous apportait les trop rapides nouvelles de notre ruine.

Quelle terrible démonstration de tout ce qui précède !...

La plume nous est tombée des mains. Les pleurs qui mouillent nos paupières obscurcissent notre pensée. Mais elle n'a plus besoin pour se dégager de nous, de l'effort laborieux de la réflexion ; les événements crient d'une éloquence autrement puissante que notre parole.

Paris envahi par l'ennemi, nos armées battues de nouveau sur toute la ligne, nos canons pris, nos armes brisées, nos soldats épuisés par la faim, effarés par la panique, se réfugiant en masse sur le sol étranger !...

Et, au milieu de ces désastres, pour ne pas perdre l'habitude du désordre, une émeute insensée dans les rues de la capitale !...

Puis un gouvernement de défense nationale, pleurnichant au pied du vainqueur et ne retrouvant la parole, après avoir eu des vapeurs comme une femmelette, que pour accabler un des siens. Dernier soubresaut d'une ambition effrenée et d'un orgueil marqué à tout jamais du sceau de l'incapacité !

Pauvre patrie, malheureuse France... C'est donc là que t'ont conduite ceux à qui tu n'as rien refusé, ni confiance, ni engouement, ni argent, ni soldats, ni encens, ni soumission aveugle !.....

§ 10.

Après l'explosion d'indignation patriotique dont le chapitre précédent n'est que le pâle reflet, après plusieurs jours de prostration morale, plus facile à comprendre qu'à décrire, nous devons ressaisir notre calme et poursuivre notre tâche, la mort dans l'âme et l'impassibilité sur le front.

Nous demandons pardon au lecteur de notre emportement, mais la page qui en a reçu l'empreinte nous ne la supprimerons pas. Il est des jours où la colère est l'exaltation de la vérité, et où la vérité exaltée est utile à dire pour l'édification du prochain.

L'armistice une fois arrêté entre les parties belligérantes, la France s'est occupée à nommer une Assemblée nationale.

§ 11.

Le suffrage universel est la maladie de l'époque.

Au premier abord, cette institution paraît rationnelle ; elle fonde la puissance sur le consentement de tous.

Nous avons fait voir que les nations naissent sous le doigt de Dieu, de la nature des choses, en dehors même du libre arbitre.

Ce n'est que par un acte postérieur et souvent tardif que le suffrage universel peut prendre origine.

Le suffrage universel du forum ou le vote en masse, tel qu'il est exercé aujourd'hui, nous paraît vicieux au premier chef.

Notre divin Sauveur disait à ses disciples : Il y a beaucoup de pauvres parmi vous.

Dans toute agglomération de population, il y a beaucoup de dépendants.

Mais à part même cette question de dépendance, qui altère la vérité du vote et que nous nous contentons d'indiquer de peur d'en sonder les profondeurs et les misères, il existe dans les élections une autre cause de défaillance, capricieuse et fatale, c'est une sorte d'engouement irréfléchi, poussant les électeurs vers un candidat la plupart du temps étranger à leur localité. Les titres de ce candidat à leur confiance n'existent trop souvent que dans les colonnes de la presse ou ne sont recueillis que dans les luttes passionnées du barreau et de la tribune.

C'est très-bien ! Mais cet élu, qui n'est connu des populations que par une relation lointaine et qui, à son tour, ne connaît nullement ses trop nombreux électeurs, ne conserve avec eux que des liens sans consistance. Il les brise aisément pour se poser dans une indépendance peu profitable au pays. Il vole au gré de son ambition et de son audace, sans trop de souci de ses commettants étonnés. Il remue les passions populaires de sa voix éloquente et ne produit que l'agitation. Louable encore, si à l'exemple de quelques représentants, il ne se donne pas mission un beau jour, de mettre la main sur le pouvoir exécutif, sous prétexte que la nécessité l'a voulu !

Si le suffrage universel paraît, comme nous l'avons dit, une conception de logique politique irréfutable, il faut avouer cependant que les fruits n'en sont pas heureux.

Son produit le plus illustre a été Napoléon III, trois fois acclamé par les votes de la nation.

Certes, Napoléon III ne manquait pas d'habileté ni de génie, mais le génie et l'habileté ne suffisent pas pour vaincre le péril d'une fausse situation et l'isolement que la Révolution fait autour de soi.

C'est en vain qu'un peuple essaye de changer les bases de sa constitution et de décerner la couronne à sa guise. Il devient son propre bourreau, parce que toujours il est dangereux de renverser l'ordre naturel d'un État.

Aussi, aucune assemblée, aucun vote, aucune majorité, n'ont le pouvoir légitime de bouleverser le droit national. La force peut triompher sans doute ; mais les révolutions et les désastres, qui sont la suite inévitable des usurpations, brisent à leur tour les forts et les téméraires.

Si la raison revient ensuite au peuple, si, faisant trève à ses folies, il ne se refuse pas à l'évidence des faits, pour rentrer dans le devoir et dans la constitution *traditionnelle*, arche sainte de sa prospérité, il reprend tout aussitôt son assiette naturelle et sa force ordinaire. Mais, si trompé par de fausses doctrines, il persiste dans l'erreur, alors au contraire, il s'expose à recommencer une autre période de déceptions et de malheurs, qui, poussés à l'extrême, conduisent à l'abîme.

Hélas ! que faire et que dire si Sysiphe s'entête à remonter le rocher au sommet de la montagne, pour le voir rouler de nouveau au fond des précipices.

Le devoir de l'Assemblée générale consiste donc uniquement à consacrer la vérité nationale et rien de plus.

Puisse la royauté héréditaire et légitime sortir du chaos politique où la Révolution nous a plongés. C'est le bien de la France qui en découlerait.

Nous croyons à cet événement, parce que nous croyons en Dieu. Sans cette croyance, à voir les choses folles qui se passent, nous désespérerions de la patrie !...

Le suffrage universel pour être exercé avec fruit, doit être dépouillé de toutes les influences malsaines de la place publique et sa mise en pratique faite avec recueillement et connaissance de cause.

C'est par voie graduelle qu'il est préférable de l'appliquer. Alors, chaque bourg élit son électeur, chaque candidat choisi du bourg devient l'électeur de la commune et les élus de la commune constituent les électeurs du chef-lieu.

De cette manière, il est difficile de ne pas se connaître de proche en proche et de se soutenir mutuellement dans un intérêt commun et sage.

Assurément, il surgirait de cet ordre de choses, des hommes de bien ignorés, mais sérieux et pratiques, pris dans le foyer domestique, attachés au sol, à la propriété, au pays.

Nous pensons que cette solution vaudrait mieux qu'une collection de célébrités tempétueuses, beaux diseurs sans doute, grands écrivains, publicistes distingués, philosophes, faiseurs d'embarras et poseurs, mais qui tous ensemble ne font pas la monnaie d'un homme d'État.

§ 12.

Hélas ! les Assemblées nationales qu'ont-elles jamais fait de bon et de sérieux, dans les moments difficiles de la patrie ?...

L'Assemblée actuelle, que fera-t-elle de plus que ses aînées ?

Les passions politiques se heurtent avec la peur dans l'arène et produisent des nominations incohérentes.

Le bon sens public divague et n'a pas la conscience de ce qu'il fait.

La majorité acclame surtout un homme qui, à lui seul, est une nouvelle révolution.

Il faut que la France soit bien découragée pour confier ses destinées, dans un moment aussi solennel, à une célébrité enfantée dans nos jours néfastes. Plus rompue dans les luttes parlementaires qu'habile dans les questions d'État, elle est très-apte à embrouiller les affaires et peu propre à résoudre les graves difficultés en présence desquelles la Révolution et la guerre ont placé la France.

Aussi, voyons-nous un triste spectacle se dérouler sous nos yeux. D'un côté, beaucoup de sagacité et de mouvement pour jouer les diverses opinions qui composent l'Assemblée nationale et faire prévaloir le système bâtard des d'Orléans dans le gouvernement, et de l'autre une impuissance titubante aux prises avec la diplomatie rectiligne de M. de Bismark.

Quoi ! les membres illustres du gouvernement de la défense, doublés de M. Thiers, n'ont trouvé rien de mieux pour sortir du mauvais pas où ils s'étaient fourvoyés et où ils nous ont fourvoyés avec eux, que l'abandon de l'Alsace et de la Lorraine *allemande !*

Foi de gentilhomme, ils se sont montrés inférieurs à leur réputation de capacité politique. M. le marquis de Carabas eût été en cette circonstance mieux inspiré qu'eux. Mais ce qu'il y a de certain surtout, c'est que pour se laver d'une faute commise, il n'eût pas songé à en faire supporter la responsabilité à une Assemblée nationale. L'habileté des parlementaires tient de la prestidigitation.

Ironie vengeresse du sort ! La Révolution est condamnée à déchirer la carte de la France que la Monarchie héréditaire avait faite ! Elle livre à l'étranger les clés du territoire.

Après avoir sapé les principes constitutifs du royaume, renversé le trône, conspiré contre la religion, ruiné les institutions nationales, créé l'usurpation souveraine et privée, semé l'inquiétude et le désordre autour d'elle, la Révolution, après avoir bouleversé, disons-nous, tout ce qu'elle pouvait atteindre, jusque la famille, se voit échoir en partage une dernière destruction à accomplir, celle de la France elle-même !...

Que disons-nous, la France? Il n'y a plus qu'une Gaule dégénérée ; il n'y a plus de Français, il n'y a que des Gaulois.

§ 13.

Puissent ces pages écrites à la hâte porter leur fruit et ouvrir les yeux de nos concitoyens.

Si l'amertume de l'expression a échappé quelquefois à notre plume, c'est que les malheurs de la patrie aigrissent notre cœur.

Puissent encore ces pages, que le souffle du bien public seul a inspirées, ramener dans le devoir les princes de la maison d'Orléans. Les premiers, ils devraient donner l'exemple de la soumission au Roi. Ils ont un beau rôle à jouer au milieu de nos infortunes. Ils faciliteraient par une abnégation virile de leurs prétentions électives, la restauration de la chose publique et contribueraient au salut de la patrie.

§ 14.

Nous adressons enfin un appel suprême à l'Assemblée nationale en lui disant :

Consacrez dans un acte solennel le droit de la couronne légitime.

Toutes les assemblées depuis l'origine rationnelle de la Monarchie l'ont reconnu et maintenu, comme un des principes constitutifs de la nation.

En 1317, sous Philippe-le-Long, quelques doutes s'étant élevés sur l'interprétation de la loi salique, les États généraux déclarent *que les lois et les coutumes des Français excluent les filles de la couronne.*

En 1360, pendant la captivité du roi Jean, c'est à Charles, Dauphin de France, comme héritier légitime du trône, qu'est donnée la lieutenance du royaume.

Nos pères étaient tellement jaloux du maintien rigoureux de la loi salique, cette clé de voûte du droit public, qu'aux États généraux de 1484, où il fut question de la régence de la duchesse de Beaulieu, fille de Louis XI, les députés de Normandie et de Bourgogne, ayant prétendu que le droit de nomination à la régence était du ressort des États, les députés de Paris, d'Aquitaine, du Languedoc et des autres provinces de l'intérieur, repoussèrent cette prétention dans la crainte qu'elle ne conduisît à l'élection royale et à la violation de la loi de l'hérédité de la couronne.

Cette loi paraissait tellement naturelle et sacrée, qu'à la mort de François II, les États de 1560, tenus à Orléans, étant assemblés, déclarèrent que la mort du roi ne suspendait pas le cours de leurs travaux, attendu *qu'il était de droit constant, que l'autorité souveraine du roi mort, passait sans interruption à son successeur immédiat.*

En 1593, malgré les déclarations savantes et scholastiques du collége de la Sorbonne, les États du royaume repoussent la proposition de déférer la couronne de France à l'Infante d'Espagne, *ce qui serait une contravention à la loi salique.*

Henri IV, héritier légitime, monte sur le trône.

Enfin, en 1789, la France dans ses cahiers de baillages, consacre unanimement la loi d'hérédité antique ; mais les États généraux, sous l'influence des idées philosophiques qui dominaient à cette époque, déchirèrent les mandats impératifs de leur élection pour ne dépendre que de leur propre volonté.

Dès ce jour, la Révolution était faite !.....

Il appartient à l'Assemblée nationale actuelle de se rappeler ces cahiers foulés aux pieds par une réunion de fous.

Qu'elle médite dans leur sens intime, nous ne dirons pas les déclarations des assemblées royalistes de la Restauration, mais les actes des deux usurpations de 1830 et de 1852, essayant de rétablir au profit de leur descendance, la loi salique après l'avoir violée.

La facilité avec laquelle elles sont parvenues à faire adopter par les Assemblées constituantes le principe *de la perpétuité de leur race*, achève, loin d'en atténuer les splendeurs, la démonstration traditionnelle de la vérité de la loi salique, comme loi constitutive, impérieuse et nécessaire du royaume.

L'Assemblée nationale ferait donc un acte de haute sagesse, en consacrant à son tour, comme ses aînées, cette loi salutaire et politique. Elle mettrait un terme aux ambitions des prétendants, elle ramènerait le calme dans les idées et les faits. Elle assurerait l'avenir de la France.

Qu'elle ne recule pas dans cette sainte entreprise. Nous lui promettons, quoiqu'inconnu, une place glorieuse dans les annales des assemblées qui ont illustré la nation. Elle aura les applaudissements du pays entier ; et à la vue de notre renaissance sous le palladium de la légitimité rétablie, elle aura aussi la pleine satisfaction que donne la conscience du devoir accompli.

POST-SCRIPTUM.

Juillet 1871.

Notre manuscrit avait été expédié à Paris au moment même où la paix venait de se conclure et que l'Assemblée nationale se constituait sous l'influence révolutionnaire du gouvernement de Bordeaux.

Il n'a pu arriver tout de suite à sa destination. Balloté sans doute, comme le sort de la France, entre les Communeux et les Versaillistes, il est resté en dépit de nous, à l'état latent.

Aujourd'hui, qu'une embellie s'est levée sur notre horizon politique, par la chute de la Commune, il a pu enfin parvenir à son adresse.

Affronter tardivement la publicité (car les éléments marchent avec les jours), c'est peut-être commettre une faute qu'on nous reprochera. Mais, d'un autre côté, ne convient-il pas aussi de persévérer dans nos efforts pour rétablir la vérité dans la logique des faits ?

Depuis notre envoi, nous avons lu beaucoup d'articles de journaux, beaucoup de publications. Rien n'afflige comme cette lecture. On se heurte à des paradoxes inconscients, à des récriminations stériles, à des théories plus dangereuses les unes que les autres. Les vieilles rengaînes du faux libéralisme qui nous a perdus, ont reparu plus vives que jamais, fantômes insensés hurlant de nouveau leur répertoire perfide sur les ruines encore fumantes de Paris, absolument comme si la Commune n'était pas la logique des principes mêmes de la Révolution et l'expression avancée du mouvement.

Il faut être aveugle pour croire qu'une fois le frein brisé, on puisse arrêter la locomotive affolée au moyen de quelques paroles tardives d'effroi et de crainte. Il n'y a que Dieu qui puisse dire aux flots soulevés : vous n'irez pas plus loin.

Laissons donc les utopistes se repaître d'illusions, démenties aujourd'hui encore par l'enchaînement malheureux des faits révolutionnaires. Leurs théories peuvent être séduisantes à la surface, mais elles exhalent dans le fond des vapeurs de pétrole et de sang.

Oui, les saints principes de nos pères, qui ont fait nos mœurs, créé la patrie et fondé notre grandeur, nous sont plus chers que jamais !

Quel spectacle instructif nous offrent les partis aux prises les uns avec les autres ! Le 2 décembre reproche au 4 septembre son coup de main de Paris, et la Commune dit à son tour au gouvernement de la défense : nous avons fait comme vous. La logique dans cet ordre dangereux d'idées n'est-elle pas pour la Commune contre M. Jules Favre et pour M. Jules Favre contre le prince Louis-Napoléon. L'homme s'agite et Dieu lemène ; les partis révolutionnaires s'enferrent entre eux.

Depuis que notre brochure est écrite, nous ne disons pas imprimée, nous avons eu une grande consolation, celle de la réconciliation des princes d'Orléans avec l'héritier légitime de la couronne.

Nous sollicitions d'eux dans divers passages de notre écrit, cet acte de haute convenance et de saine politique. Ils ont devancé notre publication. Qu'ils veuillent bien accepter ici l'expression profonde de notre approbation morale. Le sentiment de l'honneur et la foi du gentilhomme enfin, l'ont emporté sur l'aveuglement de l'ambition.

Non, la France n'est pas perdue, les princes d'Orléans viennent de lui donner l'exemple du retour à la vérité et de l'abnégation de leur intérêt personnel ; et ce qui est plus instructif encore, celui de la soumission au Roi.

C'est dans la soumission au Roi que le pays trouvera son repos et qu'il pourra se ressaisir tout entier dans son énergie nationale et traditionnelle, soit pour réparer les maux de la guerre et des révolutions, soit pour inaugurer une ère nouvelle de prospérité et de grandeur.

L'heure de Dieu est arrivée.

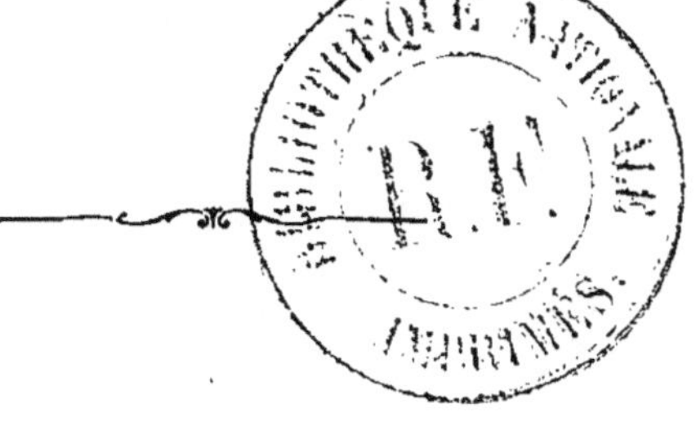

www.ingramcontent.com/pod-product-compliance
Lightning Source LLC
LaVergne TN
LVHW010407240826
846091LV00020B/2829